Der Zauberpinsel

von ‚Liz Miles'

Illustrationen: Meilo So

Jeden Tag kümmerte sich Ho um das Vieh eines reichen Bauern. Er brachte das Heu zum Feld.

Der Bauer bezahlte ihm nicht viel. Ho hatte nur trockenes Brot zu essen.

Eines Tages kam ein sehr dünner alter Mann den Weg herauf. Er sah hungrig aus. Ho gab dem Mann sein Brot.

„Danke“, sagte der Mann.
Er gab Ho ein Geschenk.
Es war ein goldener Pinsel.

Aus Pflanzen, Beeren
und Schlamm stellte Ho
Farben her.

„Was soll ich malen?“, dachte Ho. Er begann ein wenig Heu zu malen. Da verwandelte es sich in echtes Heu!

Die Sonne schien heiß.
Der Fluss war ausgetrocknet.
Deshalb malte Ho einen
blauen Fluss.

Der Fluss wurde Wirklichkeit! Nun hatten die Menschen und die Tiere Wasser zum Trinken.

Der reiche Bauer hatte jede Menge Essen.
Aber die Kinder und die Arbeiter waren hungrig.

Ho malte viele Speisen. Und alle verwandelten sich in echtes Essen!

Ho malte viele Dinge für die Menschen. Sie wurden alle Wirklichkeit. Er malte …

ein Rad …

einen Eimer …

und einige Kleider.

Der reiche Bauer wollte
den Zauberpinsel haben.
Er steckte Ho ins Gefängnis
und nahm ihm den Pinsel
weg.

Der reiche Bauer war habgierig.
Er malte Gold. Aber das Gold
verwandelte sich nicht in echtes Gold.

„He, du! Der Pinsel funktioniert bei mir nicht.
Male mir einen Berg voll Gold!“, befahl der Bauer.

Ho malte den Berg voll Gold. Er malte ein blaues Meer ringsherum. Das Gold und das Meer wurden wirklich.

Da war der Bauer wütend. „Ich kann nicht schwimmen! Warum hast du das Meer gemalt?“, schrie er.

„Ich werde für dich ein Schiff malen“, sagte Ho.
Das Schiff wurde Wirklichkeit.

Der Bauer fuhr mit seinem Schiff ab. „Wenn ich zurückkehre, wirst du alles malen, was ich möchte. Die Welt wird mir gehören!“, lachte er.

Doch Ho malte einen Sturm.
Der Sturm wurde Wirklichkeit. Er
brachte den Bauern weit, weit weg.

Ho kehrte zum Bauernhof zurück. Er malte Dinge für alle, die freundlich und gut zu anderen waren.

Der reiche Bauer wurde niemals wieder gesehen.

Erzähle nach

Es war einmal …

Ende